MÉNON

ou
De la Vertu
Traduction : Victor COUSIN

Retour à la liste des titres

Ménon est un dialogue de Platon, dans lequel Ménon et Socrate essaient de trouver la définition de la vertu, sa nature, afin de savoir si la vertu s'enseigne ou, sinon, de quelle façon elle est obtenue. Dans un premier temps, la question examinée est donc celle de l'essence de la vertu. Néanmoins, après plusieurs vaines tentatives de réponse, Socrate et Ménon examinent la question plus générale encore : la connaissance est-elle seulement possible ? Et comment ? L'interrogation sur la vertu se poursuit dans un troisième temps, avec l'examen de la question posée initialement par Ménon, celle de l'enseignement de la vertu.

Le Ménon est un des dialogues de Platon consacrés à la doctrine de la Réminiscence.

✳ ✳ ✳

PERSONNAGES :
SOCRATE, MÉNON, un esclave de MÉNON, ANYTUS

MÉNON .

Me dirais-tu bien, Socrate, si la vertu peut s'enseigner, ou si elle ne le peut pas et ne s'acquiert que par la pratique ; ou enfin si elle ne dépend ni de la pratique ni de renseignement, et si elle se trouve dans les hommes naturellement, ou de quelque autre manière ?

SOCRATE.

Jusqu'à présent, Ménon, les Thessaliens étaient renommés entre les Grecs, et admirés pour leur adresse à manier un cheval et pour leurs richesses ; mais aujourd'hui ils sont renommés encore, ce me semble, pour leur sagesse, principalement les concitoyens de ton ami Aristippe de Larisse. C'est à Gorgias que vous en êtes redevables ; car, étant allé dans cette ville, il s'est attaché par son savoir les principaux des Aleüades, du nombre desquels est ton ami Aristippe, et les plus distingués d'entre les Thessaliens. Il vous a accoutumés à répondre avec assurance et d'un ton imposant aux questions qu'on vous fait, comme il est naturel que répondent des gens qui savent, d'autant plus que lui-même s'offre à tous les Grecs qui veulent l'interroger, et qu'il n'en est aucun auquel il ne réponde sur quelque sujet que ce soit. Mais ici, cher Ménon, les choses ont pris une face toute contraire. Je ne sais quelle espèce de sécheresse a passé sur la science, et il paraît qu'elle a quitté [71a] ces lieux pour se retirer chez vous. Du moins si tu t'avisais d'interroger de la sorte quelqu'un d'ici, il n'est personne qui ne se mît à rire, et te dît : Étranger, tu me prends en vérité pour un heureux mortel, de croire que je sais si la vertu peut s'enseigner, ou s'il est quelque autre moyen de l'acquérir ; mais tant s'en faut que je sache si la vertu est de nature à s'enseigner ou non, que j'ignore même absolument ce que c'est que la vertu. [71b] Pour moi, Ménon, je me trouve dans le même cas : je suis sur ce point aussi indigent que mes concitoyens, et je me veux bien du mal de ne savoir absolument rien de la vertu. Or, comment pourrais-je connaître les qualités d'une chose dont j'ignore la nature ? Te paraît-il, possible que quelqu'un qui ne connaît point du tout la personne de Ménon sache s'il est beau, riche, noble, ou tout le contraire ? Crois-tu que cela se puisse ?

MÉNON.
 Non. Mais est-il bien vrai, Socrate, [71c] que tu ne sais pas ce que c'est que la vertu ? Est-ce là ce que nous publierons de toi à notre retour chez nous ?

SOCRATE.
 Non seulement cela, mon cher ami, mais ajoute que

je n'ai encore trouvé personne qui le sût, à ce qu'il me semble.

MÉNON.

Quoi donc ! n'as-tu point vu Gorgias lorsqu'il était ici ?

SOCRATE.

Si fait.

MÉNON.

Tu as donc jugé qu'il ne le savait pas ?

SOCRATE.

Je n'ai pas beaucoup de mémoire, Ménon ; ainsi je ne saurais te dire à présent quel jugement je portai alors de lui. Mais peut-être sait-il ce que c'est que la vertu, et sais-tu toi-même ce qu'il disait. [71d] Rappelle-le-moi donc ; ou, si tu l'aimes mieux, parle-moi pour ton propre compte : car tu es sans doute là-dessus du même sentiment que lui.

MÉNON.

Oui.

SOCRATE.

Laissons donc là Gorgias, puisqu'il est absent. Mais toi, Ménon, au nom des dieux, en quoi fais-tu consister la vertu ? apprends-le moi, et ne m'envie pas cette connaissance, afin que si vous me paraissez, toi et Gorgias, savoir ce que c'est, j'aie fait le plus heureux de tous les mensonges, lorsque j'ai dit que je n'ai encore rencontré personne qui le sût.

MÉNON .

 La chose n'est pas difficile à expliquer, Socrate. Veux-tu que je te dise d'abord en quoi consiste la vertu d'un homme ? Rien de plus aisé : elle consiste à être en état d'administrer les affaires de sa patrie, et, en les administrant, de faire du bien à ses amis, et du mal à ses ennemis, en prenant bien garde d'avoir rien de semblable à souffrir. Est-ce la vertu d'une femme que tu veux connaître ? il est facile de la définir. Le devoir d'une femme est de bien gouverner sa maison, de veiller à la garde du dedans, et d'être soumise à son mari. Il y a aussi une vertu propre aux enfants de l'un et de l'autre sexe, et aux vieillards : celle qui convient à l'homme libre est autre que celle de l'esclave. En un mot, il y a une infinité d'autres vertus ; de manière qu'il n'y a nul embarras à dire ce que c'est : car selon l'âge, selon le genre d'occupation, chacun a pour toute action ses devoirs et sa vertu particulière. Je pense, Socrate, qu'il en est de même à l'égard du vice.

SOCRATE.

 Il paraît, Ménon, que j'ai un bonheur singulier : je ne te demande qu'une seule vertu, et tu m'en donnes un essaim tout entier. Mais, pour continuer l'image empruntée [72b] aux essaims, si, t'ayant demandé

quelle est la nature de l'abeille, tu m'eusses répondu
qu'il y a beaucoup d'abeilles et de plusieurs espèces,
que m'aurais-tu dit, si je t'avais demandé encore :
Est-ce précisément comme abeilles que tu dis qu'elles
sont en grand nombre, de plusieurs espèces et
différentes entre elles ? où ne diffèrent-elles en rien
comme abeilles, mais à d'autres égards, par exemple,
par la beauté, la grandeur, ou d'autres qualités
semblables ? Dis-moi, quelle eût été la réponse à cette
question ?

MÉNON.
 J'aurais dit que les abeilles, en tant qu'abeilles, ne
sont pas différentes l'une de l'autre.

[72c] SOCRATE .
 Si j'avais ajouté : Ménon, dis-moi, je te prie, en quoi
consiste ce par où les abeilles ne diffèrent point entre
elles, et sont toutes la même chose ; aurais-tu été en
état de me satisfaire ?

MÉNON.
 Sans doute.

SOCRATE.
 Eh bien, il en est ainsi des vertus. Quoiqu'il y en ait
beaucoup et de plusieurs espèces, elles ont toutes un
caractère commun par lequel elles sont vertus ; et
c'est sur ce caractère que celui qui doit répondre à la
personne qui l'interroge, fait bien dé jeter les yeux,

pour lui expliquer [72d] ce que c'est que la vertu. Ne comprends-tu pas ce que je veux dire ?

MÉNON.

Il me paraît que je le comprends ; cependant je ne saisis pas encore comme je voudrais le sens de ta question.

SOCRATE.

N'est-ce qu'à l'égard de la vertu seule, Ménon, que tu penses qu'elle est autre pour un homme, et autre pour une femme, et ainsi du reste ? ou penses-tu la même chose par rapport à la santé, la grandeur, la force ? Te semble-t-il que la santé d'un homme soit autre que celle d'une femme ? ou bien qu'elle a partout le même caractère, en tant que santé, [72e] quelque part qu'elle se trouve, soit dans un homme, soit en toute autre chose ?

MÉNON.

Il me paraît que c'est la même santé pour l'homme et pour la femme.

SOCRATE.

N'en dis-tu pas autant de la grandeur et de la force ? en sorte que la femme qui sera forte, le sera au même titre et par la même force que l'homme. Quand je dis, par la même force, j'entends que la force, en tant que force, ne diffère en rien d'elle-même, qu'elle soit dans

un homme ou dans une femme. Est-ce que tu y vois
quelque différence ?

MÉNON.
 Aucune.

SOCRATE.
 Et la vertu sera-t-elle différente d'elle-même en tant
que vertu, qu'elle se trouve dans un enfant ou dans
un vieillard, dans une femme ou dans un homme ?

MÉNON.
 Je ne sais comment, Socrate, il me paraît qu'il n'en
est pas de ceci comme du reste.

SOCRATE.
 Quoi donc ! n'as-tu pas dit que la vertu d'un homme
consiste à bien administrer les affaires publiques, et
celle d'une femme à bien gouverner sa maison ?

MÉNON.
 Oui.

SOCRATE.
 Est-il possible de bien gouverner, soit un État, soit
une maison, soit toute autre chose, si on ne
l'administre sagement et justement ?

MÉNON.
 Non.

 SOCRATE.
 Mais si on les administre justement et sagement,
n'est-ce point par la justice et la sagesse qu'on les
administrera ?

MÉNON.
 Nécessairement.

SOCRATE.
 La femme et l'homme, pour être bons, ont donc
besoin des mêmes choses, savoir, de la justice et de la
sagesse ?

MÉNON.
 Cela est évident.

SOCRATE.
 Mais quoi ! l'enfant et le vieillard, s'ils sont déréglés
et injustes, seront-ils jamais bons ?

MÉNON.
 Non certes.

SOCRATE.
 Mais il faut qu'ils soient sages [73c] et justes ?

MÉNON.
 Oui.

SOCRATE.
 Tous les hommes sont donc bons de la même
manière, puisqu'ils le sont par la possession des
mêmes choses ?

MÉNON.
 Vraisemblablement.

SOCRATE.
 Mais ils ne seraient pas bons de la même manière, si
leur vertu n'était pas la même vertu ?

MÉNON.
 Non sans doute.

SOCRATE.
 Ainsi, puisque la vertu est la même pour tous, tâche
de me dire et de te rappeler en quoi Gorgias la fait
consister et toi avec lui.

MÉNON.
 Si tu cherches une définition générale, qu'est-ce
autre chose que la capacité de commander aux
hommes ?

SOCRATE.
 Voilà bien ce que je cherche : mais dis-moi, Ménon,

est-ce là la vertu d'un enfant, est-ce celle d'un esclave d'être capable de commander à son maître ? et te semble-t-il qu'on soit encore esclave, alors qu'on commande ?

MÉNON.
Il ne me le semble point, Socrate.

SOCRATE.
Cela serait contre toute raison, mon cher. Considère encore ceci. Tu fais consister la vertu dans la capacité de commander ; n'ajouterons-nous pas : justement et non injustement ?

MÉNON.
C'est mon avis ; car la justice, Socrate, est de la vertu.

[73e] SOCRATE.
Est-ce la vertu, Ménon, ou quelque vertu ?

MÉNON.
Que veux-tu dire ?

SOCRATE.
Ce que je dirais de toute autre chose : par exemple, je dirais de la rondeur que c'est une figure ; mais non pas simplement que c'est la figure ; et la raison pourquoi je parlerais de la sorte, c'est qu'il y a d'autres figures.

MÉNON.

 Tu parlerais juste. Je conviens aussi que la justice n'est pas l'unique vertu, et qu'il y en a d'autres.

[74a] SOCRATE.

 Quelles sont-elles ? nomme-les, de même que je te nommerais les autres figures, si tu l'exigeais de moi ; fais la même chose à l'égard des autres vertus.

MÉNON.

 Il me paraît que le courage est une vertu, ainsi que la tempérance, la sagesse, la générosité, et une foule d'autres.

SOCRATE.

 Nous voilà retombés, Ménon, dans le même inconvénient. Nous ne cherchons qu'une vertu, et nous en avons trouvé plusieurs d'une autre manière que tout à l'heure. Quant à cette vertu unique, qui embrasse toutes les autres, nous ne pouvons la découvrir.

MÉNON.

 Je ne saurais, Socrate, trouver une vertu telle que tu la cherches, [74b] qui convienne à toutes les vertus, comme, je le ferais par rapport à d'autres choses.

SOCRATE.

 Je n'en suis pas surpris. Mais je vais faire tous mes efforts pour nous mettre sur la voie de cette découverte, si j'en suis capable. Tu comprends sans doute qu'il en est ainsi de toutes les autres choses. Si donc on te faisait la question dont je parlais il n'y a qu'un moment, Ménon, qu'est-ce que la figure ? et que tu répondisses, c'est la rondeur ; qu'ensuite on te demandât, comme j'ai fait, la rondeur est-elle la figure ou une espèce de figure ; tu dirais apparemment que c'est une espèce de figure ?

MÉNON.
 Oui.

SOCRATE.
 Sans doute à cause qu'il y d'autres figures ?

MÉNON.
Oui.

SOCRATE.
 Et si on te demandait en outre quelles sont ces figures, les nommerais-tu ?

MÉNON.
 Assurément.

SOCRATE.
 Pareillement, si on te demandait ce que c'est que la couleur, et si, après que tu aurais répondu que c'est la blancheur, on te faisait cette nouvelle question, la blancheur est-elle la couleur, ou une espèce de

couleur ? tu dirais que c'est une espèce de couleur,
par la raison qu'il y en a d'autres ?

MÉNON.
  Sans contredit.

SOCRATE.
  Et si on te priait de nommer d'autres couleurs, tu en
nommerais [74d] d'autres qui ne sont pas moins des
couleurs que la blancheur ?

MÉNON.
  Oui.

SOCRATE.
  Si donc reprenant la parole, comme j'ai fait, on te
disait : Nous arrivons toujours à plusieurs choses ; ne
me réponds pas ainsi ; mais puisque tu appelles ces
diverses choses d'un seul nom, et que tu prétends
qu'il n'en est pas une seule qui ne soit figure, quoique
plusieurs soient opposées entre elles, dis-moi quelle
est cette chose que tu nommes figure, qui comprend
également la ligne droite et la courbe, et qui te fait
dire que l'espace rond n'est pas moins figure, [74e]
que l'espace renfermé entre des lignes droites. N'est-
ce point en effet ce que tu dis ?

MÉNON.
  Oui.

SOCRATE.

Lorsque tu parles de la sorte, prétends-tu pour cela
que ce qui est rond n'est pas plus rond que droit, ou
ce qui est droit pas plus droit que rond ?

MÉNON.

Nullement, Socrate.

SOCRATE.

Tu soutiens cependant que l'un n'est pas plus figure
que l'autre, le rond que le droit.

MÉNON.

Cela est vrai.

SOCRATE.

Essaie donc de me dire quelle est cette chose que
l'on appelle figure. Si étant ainsi interrogé par
quelqu'un, soit touchant la figure, soit touchant la
couleur, tu lui disais : Mon cher, je ne comprends pas
ce que tu me demandes, et je ne sais de quoi tu me
veux parler, probablement il en serait surpris, et
répliquerait : Tu ne conçois pas que je cherche ce qui
est commun à toutes ces figures et ces couleurs ?
Quoi ! Ménon, n'aurais-tu rien à répondre, au cas
qu'on te demandât ce que l'espace rond, le droit, et
les autres figures, ont de commun ? Tâche de le dire,
afin que cela te tienne lieu d'exercice pour ta réponse
sur la vertu.

[75b] MÉNON.

Non. Mais dis-le toi-même, Socrate.

SOCRATE.

Veux-tu que je te fasse ce plaisir ?

MÉNON.

Très fort.

SOCRATE.

Tu auras donc à ton tour la complaisance de me dire ce que c'est que la vertu ?

MÉNON.

Oui.

SOCRATE.

Il me faut faire tous mes efforts ; la chose en vaut la peine.

MÉNON.

Assurément.

SOCRATE.

Allons, essayons de t'expliquer ce que c'est que la figure. Vois si tu admets cette définition. La figure est de toutes les choses qui existent la seule qui va toujours avec la couleur. Es-tu content ? ou désires-tu quelque autre définition ? Pour moi, je serais satisfait si tu m'en donnais une pareille de la vertu.

MÉNON.
 Mais cette définition est inepte, Socrate.

SOCRATE.
 Pourquoi donc ?

MÉNON.
 Selon toi, la figure est ce qui va toujours avec la couleur.

SOCRATE.
 Eh bien, après.

MÉNON.
 Mais si l'on disait qu'on ne sait point ce que c'est que la couleur, et qu'on est à cet égard dans le même embarras qu'à l'égard de la figure, que penserais-tu de ta réponse ?

SOCRATE.
 Qu'elle est vraie. Et si j'avais affaire à un de ces hommes habiles, toujours prêts à disputer et à argumenter, je lui [75d] dirais : Ma réponse est faite ; si elle n'est pas juste, c'est à toi de prendre la parole et de la réfuter. Mais si c'étaient deux amis, comme toi et moi, qui voulussent converser ensemble, il faudrait répondre d'une manière plus douce et plus

conforme aux lois de la dialectique. Or il est, ce me semble, plus conforme aux lois de la dialectique, de ne point se borner à faire une réponse vraie, mais de n'y faire entrer que des choses dont celui qui est interrogé avoue qu'il est instruit. C'est de cette manière que je vais essayer de te parler. Dis-moi, n'y a-t-il pas quelque chose que tu appelles fin, c'est-à-dire borne et extrémité ? Par ces trois mots j'entends la même idée ; Prodicus [571] n'en conviendrait peut-être pas : mais toi, ne dis-tu pas d'une chose également qu'elle est bornée ou finie ? Voilà ce que je veux dire, rien de bien compliqué.

MÉNON.
 Oui, je le dis, et je crois comprendre ta pensée.

SOCRATE.
 N'appelles-tu point quelque chose surface, plan, et une autre chose, solide ? par exemple, ce qu'on appelle de ce nom en géométrie.

MÉNON.
 Sans doute.

SOCRATE.
 Tu es peut-être à présent en état de concevoir ce que j'entends par figure. Je dis en général de toute figure, que c'est ce qui borne le solide ; et pour comprendre cette définition en deux mots, j'appelle figure la borne du solide.

MÉNON.

Et qu'est-ce que tu appelles couleur, Socrate ?

SOCRATE.

Tu es un railleur, Ménon, de faire à un vieillard des questions embarrassantes, tandis que tu ne veux pas [76b] te rappeler ni me dire en quoi Gorgias fait consister la vertu.

MÉNON.

Je te le dirai, Socrate, après que tu auras répondu à ma question.

SOCRATE.

Quand on aurait les yeux bandés, Ménon, on verrait, à ta conversation seule, que tu es beau et que tu as encore des amants.

MÉNON.

Pourquoi cela ?

SOCRATE.

Parce que tu ne fais dans tes discours autre chose que commander ; ce qui est l'ordinaire des beaux jeunes gens que gâte l'habitude de la tyrannie, qu'ils exercent tant qu'ils sont [76c] dans la fleur de l'âge. Outre cela, peut-être as-tu reconnu mon faible pour la beauté. J'aurai donc cette complaisance pour toi, et je répondrai.

MÉNON.

Oui, aie pour moi cette complaisance.

SOCRATE.

Veux-tu que je te réponde comme répondrait Gorgias [572] , d'une manière qu'il te sera plus aisé de suivre ?

MÉNON.

Je le veux bien, pourquoi pas ?

SOCRATE.

Ne dites-vous point, selon le système d'Empédocle, que les choses sont sujettes à des écoulements [573] ?

MÉNON.

Très fort.

SOCRATE.

Et qu'elles ont des pores dans lesquels et au travers desquels passent ces écoulements ?

MÉNON.

Assurément.

SOCRATE.

Et que certains écoulements sont proportionnés à certains [76d] pores, au lieu que pour d'autres ils sont trop grands ou trop petits ?

MÉNON.
 Cela est vrai.

SOCRATE.
 Et tu appelles quelque chose la vue ?

MÉNON.
 Oui.

SOCRATE.
 Cela posé, comprends ce que je dis, comme parle Pindare [574] . La couleur n'est autre chose qu'un écoulement de figures, correspondant à la vue et sensible.

MÉNON.
 Cette réponse me paraît parfaitement belle, Socrate.

SOCRATE.
 Cela vient peut-être de ce qu'elle ne t'est point étrangère ; et puis tu vois, je pense, qu'il te serait aisé sur cette réponse d'expliquer ce que c'est que la voix, [76e] l'odorat, et beaucoup d'autres choses semblables.

MÉNON.
 Sans doute.

SOCRATE.

Elle a je ne sais quoi de tragique, Ménon [575] ; c'est pourquoi elle te plaît plus que la réponse touchant la figure.

MÉNON.

Je l'avoue.

SOCRATE.

Elle n'est pourtant pas si bonne, fils d'Alexidemos, à ce que je me persuade ; mais l'autre vaut mieux. Je pense que tu en jugerais de même, si, comme tu disais hier, tu n'étais point obligé de partir avant les mystères, mais que tu pusses rester et te faire initier.

[77a] MÉNON.

Je resterais volontiers, Socrate, si tu consentais à me dire beaucoup de choses pareilles.

SOCRATE.

Du côté de la bonne volonté je ne négligerai rien, tant à cause de toi qu'à cause de moi. Mais je crains bien de n'être point capable de te dire beaucoup de choses semblables. Mets-toi en devoir présentement de remplir ta promesse, et de me dire ce que c'est que la vertu prise en général. Cesse de faire plusieurs choses d'une seule, comme on dit d'ordinaire en raillant à ceux qui broient ; mais laissant la vertu dans sa totalité et son intégrité, explique-moi en quoi elle consiste. Je t'ai donné des modèles [77b] pour te diriger.

MÉNON.

Il me paraît donc, Socrate, que la vertu consiste, comme dit le poète [576] , à se plaire aux belles choses et à pouvoir se les procurer. Ainsi j'appelle vertueux celui qui désire les belles choses, et peut s'en procurer la jouissance.

SOCRATE.

Entends-tu que désirer les belles choses ce soit désirer les bonnes ?

MÉNON.

Précisément.

SOCRATE.

Est-ce qu'il y aurait des hommes qui désirent les mauvaises choses, tandis que les autres désirent les [77c] bonnes ? Ne te semble-t-il pas, mon cher, que tous désirent ce qui est bon ?

MÉNON.

Nullement.

SOCRATE.

Mais, à ton avis, quelques-uns désirent ce qui est mauvais ?

MÉNON.
 Oui.

SOCRATE.
 Veux-tu dire qu'ils regardent alors le mauvais
comme bon ; ou que le connaissant pour mauvais, ils
ne laissent pas de le désirer ?

MÉNON.
 L'un et l'autre, ce me semble.

SOCRATE.
 Quoi ! Ménon, juges-tu qu'un homme connaissant le
mal pour ce qu'il est, puisse se porter à le désirer ?

MÉNON.
 Très fort.

SOCRATE.
 Qu'appelles-tu désirer ? est-ce désirer que la chose
lui arrive ?

MÉNON.
 Qu'elle lui arrive, [77d] sans doute.

SOCRATE.
 Mais cet homme s'imagine-t-il que le mal est
avantageux pour celui qui l'éprouve, ou bien sait-il
qu'il est nuisible à celui en qui il se rencontre ?

MÉNON.

Il y en a qui s'imaginent que le mal est avantageux ; et il y en a d'autres qui savent qu'il est nuisible.

SOCRATE.

Mais crois-tu que ceux qui s'imaginent que le mal est avantageux, le connaissent comme mal ?

MÉNON.

Pour cela, je ne le crois pas.

SOCRATE.

Il est évident par conséquent que ceux-là ne désirent pas le mal, [77e] qui ne le connaissent pas comme mal, mais qu'ils désirent ce qu'ils prennent pour un bien, et qui est réellement un mal ; de sorte que ceux qui ignorent qu'une chose est mauvaise, et qui la croient bonne, désirent manifestement le bien. N'est-ce pas ?

MÉNON.

Il y a toute apparence.

SOCRATE.

Mais quoi ! les autres qui désirent le mal, à ce que tu dis, et qui sont persuadés que le mal nuit à celui dans lequel il se trouve, connaissent sans doute qu'il leur sera nuisible ?

MÉNON.

[78a] Nécessairement.

SOCRATE.

Ne pensent-ils pas que ceux à qui l'on nuit, sont à plaindre en ce qu'on leur nuit ?

MÉNON.

Nécessairement encore.

SOCRATE.

Et qu'en tant qu'on est à plaindre, on est malheureux ?

MÉNON.

Je le crois.

SOCRATE.

Or est-il quelqu'un qui veuille être à plaindre et malheureux ?

MÉNON.

Je ne le crois pas, Socrate.

SOCRATE.

Si donc personne ne veut être tel, personne aussi ne veut le mal. En effet, être à plaindre, qu'est-ce autre chose que désirer le mal et se le procurer ?

MÉNON.

Il paraît [78b] que tu as raison, Socrate : personne ne veut le mal.

SOCRATE.

Ne disais-tu pas tout à l'heure que la vertu consiste à vouloir le bien et à pouvoir se le procurer ?

MÉNON.

Oui, je l'ai dit.

SOCRATE.

N'est-il pas vrai que dans cette définition, le vouloir est commun à tous, et qu'à cet égard nul homme n'est meilleur qu'un autre ?

MÉNON.

J'en conviens.

SOCRATE.

Il est clair, par conséquent, que si les uns sont meilleurs que les autres, ce ne peut être que sous le rapport du pouvoir.

MÉNON.

Sans doute.

SOCRATE.

Ainsi la vertu à ton compte n'est autre chose que [78c] le pouvoir de se procurer le bien.

MÉNON.

Il me semble véritablement, Socrate, que la chose est telle que tu la conçois.

SOCRATE.

Voyons si cela est vrai, car peut-être as-tu raison. Tu fais donc consister la vertu dans le pouvoir de se procurer le bien ?

MÉNON.

Oui.

SOCRATE.

N'appelles-tu pas biens la santé, la richesse, la possession de l'or et de l'argent, des honneurs et des dignités dans l'état ? donnes-tu le nom de biens à d'autres choses qu'à celles-là ?

MÉNON.

Non, mais je comprends sous le nom de biens [78d] toutes les choses de cette nature.

SOCRATE.

A la bonne heure. Se procurer de l'or et de l'argent est donc la vertu, à ce que dit Ménon, l'hôte du grand roi par son père [577] . Ajoutes-tu quelque chose à cette acquisition, Ménon, comme justement et saintement ? ou tiens-tu cela pour indifférent ; et cette acquisition, pour être injuste, n'en sera-t-elle pas moins de la vertu, selon toi ?

MÉNON.
 Point du tout, Socrate, ce sera vice.

SOCRATE.
 Il est donc, à ce qu'il paraît, absolument nécessaire que la justice ou [78e] la tempérance, ou la sainteté, ou quelque, autre partie de la vertu se rencontre dans cette acquisition ; sans quoi, elle ne sera point de la vertu, quoiqu'elle nous procure des biens.

MÉNON.
 Comment en effet serait-elle de la vertu sans cela ?

SOCRATE.
 Mais ne se procurer ni or ni argent, lorsque cela n'est pas juste, et n'en procurer en ce cas à personne, n'est-ce point aussi de la vertu ?

MÉNON.
 Évidemment.

SOCRATE.
 Ainsi se procurer ces sortes de biens n'est pas plus de la vertu que de ne se les procurer pas ; mais, selon toute apparence, ce qui se fait avec justice est vertu, au contraire [79a] ce qui n'a aucune qualité de ce genre est vice.

MÉNON.

Il me semble nécessaire que la chose soit comme tu dis.

SOCRATE.

N'avons-nous pas dit un peu plus haut que chacune de ces qualités, la justice, la tempérance, et toutes les autres de cette nature, sont des parties de la vertu ?

MÉNON.

Oui.

SOCRATE.

Ainsi tu te joues de moi, Ménon ?

MÉNON.

En quoi donc, Socrate ?

SOCRATE.

En ce que t'ayant prié il n'y a qu'un moment de ne point rompre la vertu, ni la mettre en morceaux, et t'ayant donné des modèles de la manière dont tu dois répondre, tu n'as tenu aucun compte de tout cela, et tu me dis d'une part que la vertu [79b] consiste à pouvoir se procurer des biens avec justice, et d'autre part que la justice est une partie de la vertu.

MÉNON.

Il est vrai.

SOCRATE.

Ainsi il résulte de tes aveux, que la vertu consiste à faire tout ce qu'en fait avec une partie de la vertu ; puisque tu reconnais que la justice et les autres qualités semblables sont des parties de la vertu.

MÉNON.

Eh bien ! que signifie ceci ?

SOCRATE.

Que, bien loin de m'expliquer ce que c'est que la vertu prise en général, comme je t'en ai prié, tu me dis que toute action est la vertu, pourvu qu'elle se fasse avec une partie [79c] de la vertu ; comme si tu m'avais déjà expliqué ce que c'est que la vertu en général, et que je dusse la reconnaître, lors même que tu l'auras ainsi divisée en petits morceaux. Il faut donc, à ce qu'il me paraît, que je te demande de nouveau, mon cher Ménon, ce que c'est que la vertu, et s'il est vrai que la vertu soit toute action faite avec une partie de la vertu ; car c'est dire cela, que de dire de toute action faite avec justice, que c'est la vertu. Ne juges-tu pas qu'il est besoin de revenir à la même question, et penses-tu que, ne connaissant pas la vertu elle-même, on puisse connaître ce que c'est qu'une partie de la vertu ?

MÉNON.

Je ne le pense pas.

[79d] SOCRATE.

Car, s'il t'en souvient, lorsque je t'ai répondu tout à l'heure sur la figure, nous avons condamné cette manière de répondre par ce qui est en question, et dont on n'est pas encore convenu.

MÉNON.

Nous avons eu raison de la condamner, Socrate.

SOCRATE.

Ainsi, mon cher, tandis que nous cherchons encore ce que c'est que la vertu en général, ne crois pas pouvoir en expliquer la nature à personne, en faisant entrer dans ta réponse les parties de la vertu, ni bien définir quoi que ce soit par une semblable [79e] méthode. Mais persuade-toi que la même demande reviendra toujours. Pour quoi prends-tu la vertu, quand tu parles comme tu fais ? Juges-tu que je ne dis rien de solide ?

MÉNON.

Au contraire, ton discours me paraît très sensé.

SOCRATE.

Ainsi réponds-moi de nouveau. En quoi faites-vous consister la vertu, toi et ton ami ?

MÉNON.

J'avais déjà ouï dire, Socrate, avant que de converser [80a] avec toi, que tu ne savais autre chose que douter toi-même, et jeter les autres dans le doute : et je vois à présent que tu me fascines l'esprit par tes charmes et tes maléfices, enfin que tu m'as comme enchanté, de manière que je suis tout rempli de doutes. Et, s'il est permis de railler, il me semble que tu ressembles parfaitement, pour la figure et pour tout le reste, à cette large torpille marine qui cause l'engourdissement à tous ceux qui l'approchent et la touchent. Je pense que tu as fait le même effet sur moi : car je suis véritablement engourdi [80b] d'esprit et de corps, et je ne sais que te répondre. Cependant j'ai discouru mille fois au long sur la vertu devant beaucoup de personnes, et fort bien, à ce qu'il me paraissait. Mais à ce moment je ne puis pas seulement dire ce que c'est. Tu prends, à mon avis, le bon parti, de ne point aller sur mer, de voyager en d'autres pays : car si tu faisais la même chose dans quelque autre ville, on te punirait bien vite du dernier supplice comme un enchanteur.

SOCRATE.
 Tu es un rusé, Ménon, et tu as pensé m'attraper.

MÉNON.
 En quoi donc, Socrate ?

[80c] SOCRATE.
 Je vois bien pourquoi tu m'as comparé.

MÉNON.

Pourquoi, je te prie ?

SOCRATE.

Afin que je te compare à mon tour. Je sais que tous ceux qui sont beaux aiment qu'on les compare : cela tourne à leur avantage ; car les images des belles choses sont belles, ce me semble. Mais je ne te rendrai pas comparaison pour comparaison. Quant à moi, si la torpille étant elle-même engourdie jette les autres dans l'engourdissement, je lui ressemble ; sinon, je ne lui ressemble pas ; car si je fais naître des doutes dans l'esprit des autres, ce n'est pas que j'en sache plus qu'eux : je doute au contraire plus que personne, et c'est ainsi que je fais douter [80d] les autres. Maintenant, quant à la vertu, je ne sais point du tout ce que c'est : pour toi, peut-être le savais-tu avant que de t'approcher de moi ; et à ce moment tu parais ne le point savoir. Cependant je veux examiner et chercher avec toi ce que ce peut être.

MÉNON.

Et comment t'y prendras-tu, Socrate, pour chercher ce que tu ne connais en aucune manière ? quel principe prendras-tu, dans ton ignorance, pour te guider dans cette recherche ? Et quand tu viendrais à le rencontrer, comment le reconnaîtrais-tu, ne l'ayant jamais connu ?

[80e] SOCRATE.

Je comprends ce que tu veux dire, Ménon. Vois-tu combien est fertile en disputes ce propos que tu mets en avant ? Il n'est pas possible à l'homme de chercher ni ce qu'il sait ni ce qu'il ne sait pas ; car il ne cherchera point ce qu'il sait parce qu'il le sait et que cela n'a point besoin de recherche, ni ce qu'il ne sait point par la raison qu'il ne sait pas ce qu'il doit chercher.

[81a] MÉNON.

Est-ce que ce discours ne te paraît pas vrai, Socrate ?

SOCRATE.

Nullement.

MÉNON.

Me dirais-tu bien pourquoi ?

SOCRATE.

Oui : car j'ai entendu des hommes et des femmes habiles dans les choses divines.

MÉNON.

Que disaient-ils ?

SOCRATE.

Des choses vraies et belles, à ce qu'il me semble.

MÉNON.

Quoi encore ? et quelles sont ces personnes-là ?

SOCRATE.

Quant aux personnes, ce sont des prêtres et des prêtresses qui se sont appliqués à pouvoir rendre raison des choses qui concernent leur ministère : [81b] c'est Pindare, et beaucoup d'autres poètes ; j'entends ceux qui sont divins. Pour ce qu'ils disent, le voici : examine si leurs discours te paraissent vrais. Ils disent que l'âme humaine est immortelle ; que tantôt elle s'éclipse, ce qu'ils appellent mourir ; tantôt elle reparaît, mais qu'elle ne périt jamais ; que pour cette raison il faut mener la vie la plus sainte possible; car les âmes qui ont payé à Proserpine la dette de leurs anciennes fautes, elle les rend au bout de neuf ans à la lumière du soleil. [81c] De ces âmes sortent les rois illustres, célèbres par leur puissance, et les hommes grands par leur sagesse ; dans l'avenir les mortels les appellent de saints héros [578] . Ainsi l'âme étant immortelle, étant d'ailleurs née plusieurs fois, et ayant vu ce qui se passe dans ce monde et dans l'autre et toutes choses, il n'est rien qu'elle n'ait appris. C'est pourquoi il n'est pas surprenant qu'à l'égard de la vertu et de tout le reste, elle soit en état de se ressouvenir de ce qu'elle a su antérieurement ; car, comme tout se tient, [81d] et que l'âme a tout appris, rien n'empêche qu'en se rappelant une seule chose, ce que les hommes appellent apprendre, on ne trouve de soi-même tout le reste, pourvu qu'on ait du courage, et qu'on ne se lasse point de chercher. En effet ce qu'on nomme chercher et apprendre n'est absolument que se ressouvenir. Il ne faut donc point ajouter foi au propos fertile en disputes que tu as avancé : il n'est propre qu'à engendrer en nous la paresse, et il n'y a que des hommes efféminés qui puissent se plaire à l'entendre. [81e] Le mien, au contraire, les rend laborieux et inquisitifs. Ainsi je le tiens pour vrai ; et je veux en conséquence chercher avec toi ce que c'est que la vertu.

MÉNON.

J'y consens, Socrate. Mais te borneras-tu à dire simplement que nous n'apprenons rien, et que ce qu'on appelle apprendre, n'est autre chose que se ressouvenir ? Pourrais-tu m'enseigner comment cela est ainsi ?

SOCRATE.

J'ai déjà dit, Ménon, que tu es un rusé. [82a] Tu me demandes si je puis t'enseigner, dans le temps même que je soutiens qu'on n'apprend rien, et qu'on ne fait que se ressouvenir, afin de me faire tomber sur-le-champ en contradiction avec moi-même.

MÉNON.

Non, par Jupiter ! Socrate, je n'ai point parlé ainsi dans cette vue, mais par pure habitude. Cependant si tu peux me montrer que la chose est telle que tu dis, montre-le-moi.

SOCRATE.

Cela n'est point aisé ; mais en ta faveur je ferai tous mes efforts. Appelle-moi quelqu'un de ces nombreux esclaves [82b] qui sont à ta suite, celui que tu voudras, afin que je te fasse voir sur lui ce que tu souhaites.

MÉNON.

Volontiers. Viens ici.

SOCRATE.

Est-il Grec, et sait-il le grec ?

MÉNON.

Fort bien ; il est né dans notre maison.

SOCRATE.

Sois attentif à examiner s'il te paraîtra se ressouvenir lui-même, ou apprendre de moi.

MÉNON.

J'y ferai attention.

SOCRATE.

Dis-moi, mon enfant, sais-tu que ceci est un espace carré [579] ?

L'ESCLAVE.

Oui.

SOCRATE.

 L'espace [82c] carré n'est-ce pas celui qui a les quatre lignes que voilà toutes égales ?

L'ESCLAVE.

 Oui.

SOCRATE.

 N'a-t-il point encore ces autres lignes tirées par le milieu égales ?

L'ESCLAVE.

 Oui.

SOCRATE.

 Ne peut-il pas y avoir un espace semblable plus grand ou plus petit ?

L'ESCLAVE.

Sans doute.

SOCRATE.

 Si donc ce côté était de deux pieds, et cet autre aussi de deux pieds, de combien de pieds serait le tout ? Considère la chose de cette manière. Si ce côté-ci était de deux pieds, et celui-là d'un pied seulement, n'est-il pas vrai que l'espace serait d'une fois deux pieds ?

L'ESCLAVE.

[82d] Oui.

SOCRATE.

Mais comme ce côté-là est aussi de deux pieds, cela ne fait-il pas deux fois deux ?

L'ESCLAVE.

Oui.

SOCRATE.

L'espace devient donc de deux fois deux pieds ?

L'ESCLAVE.

Oui.

SOCRATE.

Combien font deux fois deux pieds ? fais-en le compte et dis-le-moi.

L'ESCLAVE.

Quatre, Socrate.

SOCRATE.

Ne pourrait-on pas faire un espace double de celui-ci, et tout semblable, ayant comme lui toutes ses lignes égales ?

L'ESCLAVE.
 Oui.

SOCRATE.
 Combien aurait-il de pieds ?

L'ESCLAVE.
 Huit.

SOCRATE.
 Allons, tâche de me dire de quelle grandeur [82e] sera chaque ligne de cet autre carré. Celles de celui-ci sont de deux pieds ; celles du carré double de combien seront-elles ?

L'ESCLAVE.
 Il est évident, Socrate, qu'elles seront doubles.

SOCRATE.
 Tu vois, Ménon, que je ne lui apprends rien de tout cela, je ne fais que l'interroger. Il s'imagine à présent savoir quelle est la ligne dont doit se former l'espace de huit pieds. Ne te le semble-t-il pas ?

MÉNON.
 Oui.

SOCRATE.
 Le sait-il ?

MÉNON.
 Non, assurément.

SOCRATE.
 Mais il croit qu'il se forme d'une ligne double ?

MÉNON.
 Oui.

SOCRATE.
 Observe comme la mémoire va lui revenir
successivement.
 Réponds-moi, toi. Ne dis-tu point que l'espace double
[83a] se forme de la ligne double ? Je n'entends point
par là un espace long de ce côté-ci, et étroit de ce
côté-là : mais il faut qu'il soit égal en tout sens comme
celui-ci, et qu'il en soit double, c'est-à-dire de huit
pieds. Vois si tu juges encore qu'il se forme de la ligne
double.

L'ESCLAVE.
 Oui.

SOCRATE.
 Si nous ajoutons à cette ligne une autre ligne aussi
longue, la nouvelle ligne ne sera-t-elle pas double de
la première ?

L'ESCLAVE.
 Sans contredit.

SOCRATE.

C'est donc de cette ligne, dis-tu, que se formera l'espace double, si on en tire quatre semblables ?

L'ESCLAVE.

Oui.

SOCRATE.

Tirons-en quatre pareilles à celle-ci. N'est-ce pas là ce que tu appelles l'espace de huit pieds ?

L'ESCLAVE.

Oui.

SOCRATE.

Dans ce carré ne s'en trouve-t-il pas quatre égaux chacun à celui-ci qui est de quatre pieds ?

L'ESCLAVE.

Oui.

SOCRATE.

De quelle grandeur est-il donc ? N'est-il pas quatre fois aussi grand ?

L'ESCLAVE.

Sans doute.

SOCRATE.

Mais ce qui est quatre fois aussi grand est-il double ?

L'ESCLAVE.

Non, par Jupiter !

SOCRATE.

Combien donc est-il ?

L'ESCLAVE.

Quadruple.

SOCRATE.

Ainsi, mon enfant, [83c] de la ligne double il ne se forme pas un espace double, mais quadruple.

L'ESCLAVE.

Tu dis vrai.

SOCRATE.

Car quatre fois quatre font seize, n'est-ce pas ?

L'ESCLAVE.

Oui.

SOCRATE.

De quelle ligne se forme donc l'espace de huit pieds ? l'espace quadruple ne se forme-t-il point de celle-ci ?

L'ESCLAVE.

J'en conviens.

SOCRATE.

Et l'espace de quatre pieds ne se forme-t-il point de celle-là qui est la moitié de l'autre ?

L'ESCLAVE.

Oui.

SOCRATE.

Soit. L'espace de huit pieds n'est-il pas double de celui-ci, et la moitié de celui-là ?

L'ESCLAVE.

Sans doute.

SOCRATE.

Ne se formera-t-il pas d'une ligne plus grande que celle-ci, et plus petite [83d] que celle-là ? N'est-il pas vrai ?

L'ESCLAVE.

Il me paraît que oui.

SOCRATE.

Fort bien. Réponds toujours selon ta pensée ; et dis-moi, cette ligne n'était-elle pas de deux pieds, et cette autre de quatre ?

L'ESCLAVE.
 Oui.

SOCRATE.
 Il faut par conséquent que la ligne de l'espace de
huit pieds soit plus grande que celle de deux pieds, et
plus petite que celle de quatre.

L'ESCLAVE.
 De trois pieds.

SOCRATE.
 Si elle est de trois pieds, nous n'avons donc qu'à
ajouter à cette ligne la moitié d'elle-même, et elle sera
de trois pieds ; car voilà deux pieds, et en voici un. De
ce côté pareillement voilà deux pieds et en voici un :
et l'espace dont tu parles est fait.

L'ESCLAVE.
 Oui.

SOCRATE.
 Mais si l'espace a trois pieds de ce côté-ci, et trois
pieds de ce côté-là, n'est-il point de trois fois trois
pieds ?

L'ESCLAVE.
 Cela est évident.

SOCRATE.

Combien font trois fois trois pieds ?

L'ESCLAVE.

Neuf pieds.

SOCRATE.

Et l'espace double de combien de pieds devait-il
être?

L'ESCLAVE.

De huit.

SOCRATE.

L'espace de huit pieds ne se forme donc pas non
plus de la ligne de trois pieds ?

L'ESCLAVE.

Non vraiment.

SOCRATE.

De quelle ligne se fait-il donc ? Essaie de nous le dire
au juste ; et [84a] si tu ne veux point l'exprimer en
nombres, montre-la-nous.

L'ESCLAVE.

Par Jupiter, je n'en sais rien, Socrate.

SOCRATE.

Tu vois de nouveau, Ménon, quel chemin il a fait dans la réminiscence. Il ne savait point au commencement quelle est la ligne d'où se forme l'espace de huit pieds, comme il ne le sait pas encore. Mais alors il croyait le savoir, et il a répondu avec confiance, comme s'il le savait ; et il ne croyait pas être dans l'embarras à cet égard. A présent il reconnaît [84b] son embarras, et comme il ne sait point, aussi ne croit-il point savoir.

MÉNON.

Tu dis vrai.

SOCRATE.

N'est-il pas actuellement dans une meilleure disposition par rapport à la chose qu'il ignorait ?

MÉNON.

C'est ce qu'il me semble.

SOCRATE.

En le faisant douter, et en l'engourdissant comme la torpille, lui avons-nous fait quelque tort ?

MÉNON.

Je ne le pense pas.

SOCRATE.

Au contraire, nous l'avons mis, ce semble, plus à

portée de découvrir la vérité ; car à présent, quoiqu'il ne sache point la chose, il la cherchera avec plaisir : au lieu qu'auparavant il eût dit sans façon, devant plusieurs et souvent, [84c] croyant bien dire, que l'espace double doit être formé d'une ligne double en longueur.

MÉNON.

Il y a apparence.

SOCRATE.

Penses-tu qu'il eût entrepris de chercher ou d'apprendre ce qu'il croyait savoir, encore qu'il ne le sût point, avant d'être parvenu à douter, et jusqu'à ce que, convaincu de son ignorance, il a désiré savoir ?

MÉNON.

Je ne le crois pas, Socrate.

SOCRATE.

L'engourdissement lui a donc été avantageux ?

MÉNON.

Il me paraît que oui.

SOCRATE.

Considère maintenant comment, en partant de ce doute, il découvrira la chose en cherchant avec moi, tandis que je ne ferai que l'interroger, et ne lui apprendrai rien. [84d] Observe bien si tu me

surprendras lui enseignant et lui expliquant quoi que ce soit, en un mot faisant rien de plus que lui demander ce qu'il pense.
 Toi, dis-moi : cet espace n'est-il point de quatre pieds ? Tu comprends ?

L'ESCLAVE.
 Oui.

SOCRATE.
 Ne peut-on pas lui ajouter cet autre espace qui lui est égal ?

L'ESCLAVE.
 Oui.

SOCRATE.
 Et ce troisième égal aux deux autres ?

L'ESCLAVE.
 Oui.

SOCRATE.
 Ne pouvons-nous pas achever la figure en plaçant cet autre espace dans cet angle ?

L'ESCLAVE.
 Sans doute.

SOCRATE.

Cela ne fait-il point quatre espaces égaux [84e] entre eux ?

L'ESCLAVE.

Oui.

SOCRATE.

Mais quoi, combien est tout cet espace par rapport à celui-ci ?

L'ESCLAVE.

Il est quadruple.

SOCRATE.

Or il nous en fallait faire un double. Ne t'en souvient-il pas ?

L'ESCLAVE.

Si fait.

SOCRATE.

Cette ligne, qui va d'un angle à l'autre, [85a] ne coupe-t-elle pas en deux chacun de ces espaces ?

L'ESCLAVE.

Oui.

SOCRATE.

Ne voilà-t il point quatre lignes égales qui renferment cet espace ?

L'ESCLAVE.

Cela est vrai.

SOCRATE.

Vois quelle est la grandeur de cet espace.

L'ESCLAVE.

Je ne le saisis pas.

SOCRATE.

De ces quatre espaces, chaque ligne n'a-t-elle pas séparé en dedans la moitié de chacun ? N'est-il pas vrai ?

L'ESCLAVE.

Oui.

SOCRATE.

Combien y a-t-il d'espaces semblables dans celui-ci ?

L'ESCLAVE.

Quatre.

SOCRATE.

Et dans celui-là combien ?

L'ESCLAVE.
  Deux.

SOCRATE.
  Quatre qu'est-il par rapport à deux ?

L'ESCLAVE.
  Double.

SOCRATE.
  Combien de pieds [85b] a donc cet espace ?

L'ESCLAVE.
  Huit pieds.

SOCRATE.
  De quelle ligne est-il formé ?

L'ESCLAVE.
  De celle-ci.

SOCRATE.
  De la ligne qui va d'un angle à l'autre de l'espace de
quatre pieds ?

L'ESCLAVE.
  Oui.

SOCRATE.
  Les savants appellent cette ligne diamètre. Ainsi,
supposé que ce soit là son nom, l'espace double,
esclave de Ménon, se formera, comme tu dis, du
diamètre.

L'ESCLAVE.
  Vraiment oui, Socrate.

SOCRATE.
  Que t'en semble, Ménon ? A-t-il fait une seule
réponse qui ne fût son opinion à lui ?

[85c] MÉNON.
  Non ; il a toujours parlé de lui-même.

SOCRATE.
  Cependant, comme nous le disions tout à l'heure, il
ne savait pas.

MÉNON.
  Tu dis vrai.

SOCRATE.
  Ces opinions étaient-elles en lui, ou non ?

MÉNON.
  Elles y étaient.

SOCRATE.

Celui qui ignore a donc en lui-même sur ce qu'il ignore des opinions vraies ?

MÉNON.

Apparemment.

SOCRATE.

Ces opinions viennent de se réveiller en lui comme un songe. Et si on l'interroge souvent et de diverses façons sur les mêmes objets, sais-tu bien qu'à la fin il en aura [85d] une connaissance aussi exacte que qui que ce soit ?

MÉNON.

Cela est vraisemblable.

SOCRATE.

Ainsi il saura sans avoir appris de personne, mais au moyen de simples interrogations, tirant ainsi sa science de son propre fonds.

MÉNON.

Oui.

SOCRATE.

Mais tirer la science de son fonds, n'est-ce pas se ressouvenir ?

MÉNON.

 Sans doute.

SOCRATE.

 N'est-il pas vrai que la science qu'a aujourd'hui ton
esclave, il faut qu'il l'ait acquise autrefois, ou qu'il l'ait
toujours eue ?

MÉNON.

 Oui.

SOCRATE.

 Mais s'il l'avait toujours eue, il aurait toujours été
savant : et s'il l'a acquise autrefois, ce n'est pas dans
la vie présente ; [85e] ou bien quelqu'un lui a-t-il
appris la géométrie ? car il fera la même chose à
l'égard des autres parties de la géométrie, et de
toutes les autres sciences. Est-il donc quelqu'un qui
lui ait appris tout cela ? Tu dois le savoir, puisqu'il est
né et qu'il a été élevé dans ta maison.

MÉNON.

 Je sais que personne ne lui a jamais rien enseigné de
semblable.

SOCRATE.

 A-t-il ces opinions, ou non ?

MÉNON.

 Il me paraît incontestable qu'il les a, Socrate.

SOCRATE.

 Si donc c'est faute de les avoir acquises dans la vie présente, qu'il n'en avait pas la conscience, [86a] il est évident qu'il a eu ces opinions et qu'il les a apprises en quelque autre temps.

MÉNON.

 Apparemment.

SOCRATE.

 Ce temps n'est-il pas celui où il n'était pas encore homme ?

MÉNON.

 Oui.

SOCRATE.

 Par conséquent, si durant le temps où il est homme, et celui où il ne l'est pas, il y a en lui des opinions vraies qui deviennent sciences, lorsqu'elles sont réveillées par des interrogations, n'est-il pas vrai que pendant toute la durée des temps son âme n'a pas été vide de connaissances ? car il est clair que dans toute l'étendue des temps il est ou n'est pas homme.

MÉNON.

 Cela est évident.

[86b] SOCRATE.
 Si donc la vérité est toujours dans notre âme, cette

âme est immortelle. C'est pourquoi il faut essayer
avec confiance de chercher et de te rappeler ce que tu
ne sais pas pour le moment, c'est-à-dire ce dont tu ne
te souviens pas.

MÉNON.
  Il me paraît, je ne sais comment, que tu as raison,
Socrate.

SOCRATE.
  C'est ce qu'il me paraît aussi, Ménon. A la vérité, je
ne voudrais pas affirmer bien positivement que tout
le reste de ce que j'ai dit soit vrai : mais je suis prêt à
soutenir et de parole et d'effet, si j'en suis capable,
que la persuasion qu'il faut chercher ce qu'on ne sait
point, nous rendra sans comparaison meilleurs, plus
courageux, et moins paresseux, que si nous pensions
qu'il est impossible [86c] de découvrir ce qu'on
ignore, et inutile de le chercher.

MÉNON.
  Ceci me semble encore bien dit, Socrate.

SOCRATE.
  Ainsi, puisque nous sommes d'accord sur ce point,
qu'on doit chercher ce qu'on ne sait pas, veux-tu que
nous entreprenions de chercher ensemble ce que
c'est que la vertu ?

MÉNON.

 Volontiers. Cependant non, Socrate ; je ferais des recherches et t'écouterais avec le plus grand plaisir sur la question que je t'ai proposée d'abord, savoir s'il faut s'appliquer à la vertu, comme à une chose qui peut s'enseigner, [86d] ou si on la tient de la nature, ou enfin de quelle manière elle arrive aux hommes.

SOCRATE.

 Si j'avais quelque autorité non seulement sur moi-même, mais sur toi, Ménon, nous n'examinerions si la vertu peut ou non être enseignée, qu'après avoir recherché ce qu'elle est en elle-même. Mais puisque tu ne fais nul effort pour te commander à toi-même, sans doute afin d'être libre, et que d'ailleurs tu entreprends de me maîtriser, et que tu me maîtrises en effet, je prends le parti de te céder ; car que faire ? Nous allons donc, à ce qu'il semble, examiner [86e] la qualité d'une chose dont nous ne connaissons pas la nature. Cependant relâche au moins quelque chose de ton empire sur moi, et permets-moi de rechercher par manière d'hypothèse si la vertu peut s'enseigner, ou si on l'acquiert par quelque autre voie. Quand je dis, par manière d'hypothèse, j'entends par cette méthode d'examen ordinaire aux géomètres. Lorsqu'on les interroge sur un espace par exemple, et qu'on leur demande s'il est possible d'inscrire [87a] telle figure triangulaire dans tel cercle, ils vous répondront : je ne sais pas encore si cela est ainsi ; mais en faisant l'hypothèse suivante, elle pourra nous servir pour la solution du problème. Si cette figure est telle qu'en décrivant un cercle sur ses lignes données, il y a autant d'espace hors du cercle que dans la figure même, il en résultera telle chose ; et autre chose, si cette condition n'est pas remplie. Cette hypothèse posée, [87b] je consens à te dire ce qui arrivera par rapport à l'inscription de la figure dans le cercle, et si cette inscription est possible ou non. Pareillement, puisque nous ne connaissons ni la nature de la vertu, ni ses qualités, examinons par une hypothèse si elle peut ou ne peut pas s'enseigner, par exemple, de la manière suivante : si la vertu est telle ou telle chose par rapport à l'âme, elle pourra s'enseigner, ou ne le pourra pas. En premier lieu, si elle est d'une autre nature que la science, est-elle susceptible ou non d'enseignement, ou, comme nous disions tout à l'heure, de réminiscence ? ne nous mettons pas en peine [87c] duquel de ces deux noms nous nous servirons. Si donc la vertu est d'une autre nature que la science, peut-elle s'enseigner ? ou plutôt n'est-il pas clair pour tout le monde que la science est la seule chose que l'homme apprenne ?

MÉNON.
  Il me le semble.

SOCRATE.
  Si au contraire la vertu est une science, il est évident qu'elle peut s'enseigner.

MÉNON.
 Sans contredit.

SOCRATE.
 Nous nous sommes débarrassés promptement de cette question : la vertu étant telle, on peut l'enseigner ; étant telle, on ne le peut pas.

MÉNON.
 Oui.

SOCRATE.
 Mais il se présente en second lieu une autre question à examiner, savoir si la vertu est une science, ou si elle est d'une autre nature que la science.

[87d] MÉNON;
 Il me paraît que c'est ce qu'il nous faut chercher.

SOCRATE.
 Mais quoi ! ne disons-nous pas que la vertu est un bien ? et cette hypothèse qu'elle est un bien ne nous semble-t-elle pas solide ?

MÉNON.
 Sans doute.

SOCRATE.
 S'il y a donc quelque espèce de bien qui soit

indépendant de la science, il se peut faire que la vertu
ne soit point une science. Mais s'il n'est aucun genre
de bien que la science n'embrasse, nous aurons
raison de conjecturer que la vertu est une espèce de
science.

MÉNON.
  Cela est vrai.

SOCRATE.
  De plus, [87e] c'est par la vertu que nous sommes
bons.

MÉNON.
  Oui.

SOCRATE.
  Et si nous sommes bons, par conséquent utiles : car
tous les biens sont utiles, n'est-ce pas ?

MÉNON.
  Oui.

SOCRATE.
  Ainsi la vertu est utile.

MÉNON.
  C'est une suite nécessaire de nos aveux.

SOCRATE.

Examinons donc quelles sont les choses qui nous sont utiles, en les parcourant en détail. La santé, la force, la beauté, la richesse, voilà ce qu'avec d'autres choses semblables nous regardons comme utile, [88a] n'est-il pas vrai ?

MÉNON.
Oui.

SOCRATE.

Nous disons aussi que ces mêmes choses sont quelquefois nuisibles. Es-tu d'un autre sentiment ?

MÉNON.
Non : je pense de même.

SOCRATE.

Vois en vertu de quoi toutes ces choses nous sont utiles, et en vertu de quoi elles sont nuisibles. Ne sont-elles point utiles, lorsqu'on en fait un bon usage, et nuisibles, lorsqu'on en fait un mauvais ?

MÉNON.
Assurément.

SOCRATE.

Considérons maintenant les qualités de l'âme. N'est-il point des qualités que tu appelles tempérance, justice, courage, facilité d'apprendre, mémoire, générosité, et ainsi [88b] du reste ?

MÉNON.
 Oui.

SOCRATE.
 Vois entre ces qualités celles qui te paraissent indépendantes de la science. Ne sont-elles pas tantôt nuisibles, tantôt avantageuses ? Le courage, par exemple, lorsqu'il est destitué de sagesse, et qu'il est simplement de l'audace. N'est-il pas vrai que, quand on est hardi sans sagesse, cela tourne à notre préjudice ; et au contraire à notre avantage, quand la sagesse accompagne la hardiesse ?

MÉNON.
 Oui.

SOCRATE.
 N'en est-il pas ainsi de la tempérance et de la facilité d'apprendre, qui sont utiles, lorsqu'on les applique et les met en œuvre avec sagesse, et nuisibles, lorsqu'on en use sans sagesse ?

MÉNON.
 Oui [88c] certes.

SOCRATE.
 N'est-il pas vrai, en général, à l'égard de l'énergie et

de la patience, que quand la sagesse y préside, elles contribuent à notre bonheur ; et à notre malheur, quand la sagesse ne les gouverne pas ?

MÉNON.
 Cela est vraisemblable.

SOCRATE.
 Si donc la vertu est une qualité de l'âme, et si elle doit être utile, il faut qu'elle soit de la sagesse ; car puisque toutes les autres qualités de l'âme ne sont par elles-mêmes ni utiles ni nuisibles, mais qu'elles deviennent l'un ou l'autre, selon que la sagesse [88d] ou la folie s'y joignent, il en résulte que la vertu, étant utile, doit être de la sagesse.

MÉNON.
 Je le pense.

SOCRATE.
 Et par rapport aux autres choses, telles que la richesse et les autres semblables, que nous disions être tantôt utiles et tantôt nuisibles, ne conviens-tu pas que, comme la sagesse, lorsqu'elle est à la tête des autres qualités de l'âme, les rend utiles, et la folie, nuisibles ; ainsi [88e] l'âme rend ces autres choses utiles, quand elle en use et les gouverne bien, et nuisibles, quand elle s'en sert mal ?

MÉNON.

Sans contredit.

SOCRATE.

Or l'âme sage gouverne bien, et l'âme folle gouverne
mal.

MÉNON.

Cela est vrai.

SOCRATE.

Par conséquent ne peut-on pas dire en général que,
pour être un bien, tout ce qui est au pouvoir de
l'homme doit être soumis à l'âme, [89a] et tout ce qui
appartient à l'âme doit dépendre de la sagesse ? A ce
compte la sagesse est l'utile. Or, nous sommes
convenus que la vertu est utile ?

MÉNON.

Sans contredit.

SOCRATE.

Donc nous disons que la sagesse est ou la vertu tout
entière, ou une partie de la vertu.

MÉNON.

Tout ceci me paraît bien dit, Socrate.

SOCRATE.

Mais s'il en est ainsi, les hommes ne sont donc point bons par nature.

MÉNON.

Il paraît que non.

[89b] SOCRATE.

Car voici ce qui arriverait. Si les gens de bien étaient tels naturellement, nous aurions parmi nous des personnes qui feraient le discernement des jeunes gens bons par nature ; après qu'ils nous les auraient fait connaître, nous les recevrions de leurs mains, et nous les mettrions en dépôt dans l'Acropolis, sous un sceau, comme on fait pour l'or [580] , et avec plus de soin encore, afin que personne ne les corrompît, et qu'étant devenus grands, ils fussent utiles à leur patrie.

MÉNON.

Cela est vraisemblable, Socrate.

SOCRATE.

Puis donc que les hommes bons ne sont pas tels par nature, [89c] apprennent-ils à le devenir ?

MÉNON.

Cela me paraît s'ensuivre nécessairement. D'ailleurs,

Socrate, il est évident, selon notre hypothèse, que si la
vertu est une science, elle peut s'apprendre.

SOCRATE.
   Peut-être, par Jupiter ! mais je crains que nous
n'ayons eu tort d'accorder ce point.

MÉNON.
   Cependant il nous semblait tout à l'heure que nous
avions bien fait de l'accorder.

SOCRATE.
   Pour que ce qui a été dit soit solide, il ne suffit pas
qu'il nous ait paru tel au moment où nous l'avons dit,
mais il doit nous le paraître encore à présent, et en
tout temps.

[89d] MÉNON;
   Quoi donc ! pour quelle raison ce sentiment te
déplaît-il, et ne crois-tu pas que la vertu soit une
science ?

SOCRATE.
   Je vais te le dire, Ménon. Je ne révoque point comme
mal accordé que la vertu puisse s'enseigner, si elle est
une science. Mais vois si j'ai raison de douter qu'elle
en soit une. Dis-moi, si quelque chose que ce soit,
pour ne point parler seulement de la vertu, est de

nature à être enseigné, n'est-ce pas une nécessité qu'il y en ait des maîtres et des disciples ?

MÉNON.
 Je le pense.

[89e] SOCRATE.
 Tout au contraire, lorsqu'une chose n'a ni maîtres ni disciples, ne sommes-nous pas fondés à conjecturer qu'elle ne peut point s'enseigner ?

MÉNON.
 Cela est vrai. Mais crois-tu qu'il n'y ait point de maîtres de vertu ?

SOCRATE.
 Du moins j'ai cherché souvent s'il y en avait, et après toutes les perquisitions possibles, je n'en puis trouver. Cependant je fais cette recherche avec beaucoup d'autres, surtout de ceux que je crois les mieux au fait de la chose. Et à ce moment, Ménon, voici quelqu'un qui est venu fort à propos s'asseoir auprès de nous. [90a] Faisons-lui part de notre recherche ; nous en avons toutes sortes de raisons. Car, en premier lieu, il est né d'un père riche et sage, nommé Anthémion, qui ne doit point sa fortune au hasard, ni à la libéralité d'autrui, comme Ismémas le Thébain, lequel a hérité depuis peu des biens de Polycrate ; mais qui l'a acquise par sa sagesse et son industrie. Cet Anthémion d'ailleurs ne paraît avoir

rien d'arrogant, de fastueux, ni de dédaigneux ; c'est un citoyen modeste [90b] et rangé. De plus, il a très bien élevé et formé son fils, au jugement du peuple athénien : aussi le choisissent-ils pour les plus grandes charges. C'est avec de tels hommes qu'il convient de chercher s'il y a ou non des maîtres de vertu, et quels ils sont. Aide-nous donc, Anytus, moi et Ménon ton hôte, dans notre recherche relativement à ceux qui enseignent la vertu.

 Considère la chose de cette manière. Si nous voulions faire de Ménon que voici un bon médecin, [90c] chez quels maîtres l'enverrions-nous ? n'est-ce pas chez les médecins ?

ANYTUS.
  Sans doute.

SOCRATE.
  Mais quoi ! si nous avions en vue qu'il devînt un bon cordonnier, ne l'enverrions-nous point chez les cordonniers ?

ANYTUS.
  Oui.

SOCRATE.
  Et ainsi du reste ?

ANYTUS.
  Sans contredit.

SOCRATE.

Réponds-moi encore de cette autre manière sur les mêmes objets. Nous aurions raison, disons-nous, de l'envoyer chez les médecins, si nous en voulions faire un médecin. Lorsque nous parlons de la sorte, n'est-ce pas [90d] comme si nous disions que ce serait sagesse de notre part de l'envoyer de préférence chez ceux qui se donnent pour habiles dans cet art, qui prennent un salaire à ce titre, et se proposent à cette condition pour maîtres à quiconque veut aller chez eux prendre des leçons ? N'est-ce point pour tout cela que nous ferions bien de l'envoyer ?

ANYTUS.

 Oui.

SOCRATE.

 N'en est-il pas dé même par rapport à l'art de jouer de la flûte, et [90e] aux autres arts ? Si l'on veut faire de quelqu'un un joueur de flûte, c'est une grande folie de ne pas l'envoyer chez ceux qui font profession d'enseigner cet art, et qui exigent de l'argent à ce titre ; et d'en importuner d'autres, en voulant apprendre d'eux ce qu'ils ne se donnent point pour enseigner, et quoiqu'ils n'aient aucun disciple dans la science que nous voudrions voir enseignée à ceux que nous envoyons à leur école. Ne te semble-t-il pas que c'est une grande absurdité ?

ANYTUS.

Oui, assurément ; c'est une vraie folie.

SOCRATE.

Tu as raison. Maintenant donc tu peux délibérer avec moi [91a] au sujet de ton hôte Ménon. Voilà déjà longtemps, Anytus, qu'il me témoigne un grand désir d'acquérir cette sagesse et cette vertu par laquelle les hommes gouvernent bien leur famille et leur patrie, rendent à leurs parents les soins qui leur sont dus, et savent recevoir et congédier leurs concitoyens et les étrangers d'une manière digne d'un homme de bien. Vois chez qui il est à propos que nous l'envoyions pour apprendre cette [91b] vertu. N'est-il pas évident, sur ce que nous disions tout à l'heure, que ce doit être chez ceux qui font profession d'enseigner la vertu, et se proposent publiquement pour maîtres à tous les Grecs qui voudront l'apprendre, fixant pour cela un salaire qu'ils exigent de leurs disciples ?

ANYTUS.

Et quels sont ces gens-là, Socrate ?

SOCRATE.

Tu sais sans doute comme moi que ce sont ceux qu'on appelle sophistes.

[91c] ANYTUS.

Par Hercule ! parle mieux, Socrate. Que personne de mes parents, de mes alliés, de mes amis, soit concitoyens, soit étrangers, ne soit jamais assez insensé pour aller se gâter auprès de ces gens-là. Ils sont manifestement la peste et le fléau de tous ceux qui les fréquentent.

SOCRATE.

 Que dis-tu là, Anytus ? Quoi ! parmi ceux qui font profession d'être utiles aux hommes, les sophistes seuls diffèrent des autres en ce que non seulement ils ne rendent pas meilleur ce qu'on leur confie, comme font les autres, mais encore ils le rendent pire ? [91d] Et ils osent exiger de l'argent pour cela ? En vérité je ne sais comment t'ajouter foi. Car je connais un homme, c'est Protagoras, qui a plus amassé d'argent au métier de sophiste, que Phidias dont nous avons de si beaux ouvrages, et dix autres statuaires avec lui [581] . Cependant ce que tu dis est bien étrange. Quoi ! tandis que ceux qui rapetassent les vieux souliers et raccommodent les vieux habits, ne sauraient les rendre en plus mauvais état qu'ils les ont reçus, sans qu'on s'en aperçoive au plus tard au bout de trente [91e] jours, et ne tarderaient guère à mourir de faim ; Protagoras a corrompu ceux qui le fréquentaient, et les a renvoyés plus mauvais d'auprès de lui qu'ils n'étaient venus, sans que toute la Grèce en ait eu le moindre soupçon, et cela pendant plus de quarante ans ; car il est mort âgé, je pense, d'environ soixante-dix ans, après en avoir passé quarante dans l'exercice de sa profession ; et durant tout ce temps-là jusqu'à ce jour, il n'a cessé de jouir d'une grande réputation. Et non seulement Protagoras, [92a] mais je ne sais combien d'autres, dont les uns ont vécu avant lui, les autres vivent encore. En supposant la vérité de ce que tu dis, que faudra-t-il penser d'eux ? qu'ils trompent et corrompent sciemment la jeunesse, ou qu'ils n'ont nulle connaissance du tort qu'ils lui font ? Tiendrons-nous pour insensés à ce point des hommes qui passent dans l'esprit de quelques-uns pour les plus sages personnages ?

ANYTUS.

Il s'en faut bien, Socrate, qu'ils soient insensés : les jeunes gens qui leur donnent de l'argent le sont bien plus qu'eux ; [92b] et encore plus les parents de ces jeunes gens, qui le leur permettent ; et plus que tout cela les républiques qui souffrent qu'ils viennent chez elles, et qui ne chassent point tout étranger, tout citoyen même, dès qu'il fait profession de ce métier.

SOCRATE.

Quelqu'un de ces sophistes t'a-t-il fait du tort, Anytus ? ou pour quelle autre raison es-tu de si mauvaise humeur contre eux ?

ANYTUS.

Par Jupiter ! je n'ai jamais eu de commerce avec aucun d'eux, et je ne souffrirais pas qu'aucun des miens les approchât.

SOCRATE.

Tu n'as donc nulle expérience de ces gens-là ?

ANYTUS.
 Et puissé-je n'en avoir jamais!

[92c] SOCRATE.
 Comment donc, mon cher, n'ayant nulle expérience d'une chose, saurais-tu si elle est bonne ou mauvaise ?

ANYTUS.
 Fort aisément. En tout cas, soit que j'en aie essayé, ou non, je les connais pour ce qu'ils sont.

SOCRATE.
 Tu es devin peut-être, Anytus ? car sur ce que tu dis, je serais surpris que tu les connusses autrement. Quoi qu'il en soit, nous ne cherchons point des hommes chez qui [92d] Ménon ne pourrait aller sans devenir mauvais : que les sophistes soient de ce caractère, si tu le veux, à la bonne heure. Indique-nous du moins, et rends ce service à un ami de ta famille, de lui apprendre auprès de qui il doit se rendre, dans une aussi grande ville qu'Athènes, pour devenir recommandable dans le genre de vertu dont je viens de te parler.

ANYTUS.
 Pourquoi ne les lui indiques-tu pas toi-même ?

SOCRATE.
 Je lui ai nommé ceux que je tenais pour maîtres en

fait de vertu : mais, si je t'en crois, je n'ai rien dit qui vaille ; et peut-être [92e] tu ne te trompes point. Nomme-lui donc à ton tour quelque Athénien chez qui il doive aller ; le premier que tu voudras.

ANYTUS.

Qu'est-il besoin que je lui nomme quelqu'un en particulier ? Il n'a qu'à s'adresser au premier Athénien vertueux : il n'en est aucun qui ne le rende meilleur que ne feraient les sophistes, s'il veut écouter ses avis.

SOCRATE.

Mais ces hommes vertueux sont-ils devenus tels d'eux-mêmes, sans avoir reçu de leçons de personne ? et n'en sont-ils pas moins en état d'enseigner aux autres ce qu'ils n'ont [93a] point appris ?

ANYTUS.

Je prétends qu'ils ont pris des instructions de ceux qui les ont précédés, et qui étaient eux-mêmes des hommes vertueux. Crois-tu donc que cette ville n'a point produit de vertueux citoyens ?

SOCRATE.

Je pense, Anytus, qu'il y a en cette ville des hommes recommandables par leur vertu politique, et qu'il n'y en a pas eu moins autrefois qu'à présent. Mais ont-ils été bons maîtres de leur propre vertu ? Car voilà ce dont il est question entre nous, et non pas s'il y a ou non ici des hommes vertueux, [93b] ni s'il y en a eu autrefois. Nous examinons depuis longtemps si la vertu peut s'enseigner ; cet examen nous conduit à rechercher si les hommes vertueux du temps présent et du temps passé ont eu le talent de communiquer à d'autres la vertu dans laquelle ils excellaient ; ou si cette vertu ne peut se transmettre à personne, ni passer par voie d'enseignement d'un homme à un autre. Voilà la question qui nous occupe depuis longtemps, Ménon et moi. Examine ainsi la chose selon tes propres paroles : ne conviendras-tu pas [93c] que Thémistocle était un citoyen vertueux ?

ANYTUS.
 Oui certes, et de la plus haute vertu.

SOCRATE.
 Et conséquemment que, si jamais quelqu'un a pu donner des leçons de sa propre vertu, il était un excellent maître de la sienne ?

ANYTUS.
 Je le pense, s'il l'eût voulu.

SOCRATE.
 Mais crois-tu qu'il n'eût pas voulu former d'autres citoyens, et principalement son fils ? ou penses-tu qu'il lui portât envie, et que de dessein prémédité il ne lui ait pas transmis [93d] la vertu dans laquelle il excellait ? N'as-tu pas ouï dire que Thémistocle apprit

à son fils Cléophante à être un bon cavalier ? Aussi se tenait-il debout sur un cheval, lançant un javelot dans cette posture, et faisait-il d'autres tours d'adresse merveilleux, que son père lui avait enseignés, l'ayant rendu également habile dans toutes les autres choses qui sont du ressort des meilleurs maîtres. N'est-ce pas là ce que tu as entendu raconter à nos vieux citoyens ?

ANYTUS.
  Cela est vrai.

SOCRATE.
  Or, on ne pourrait pas dire que son fils n'eût pas de dispositions naturelles ?

[93e] ANYTUS.
  Non, probablement.

SOCRATE.
  Mais quoi ! as-tu jamais ouï dire à aucun citoyen, jeune ou vieux, que Cléophante, fils de Thémistocle, ait excellé dans les mêmes choses que son père ?

ANYTUS.
  Pour cela, non.

SOCRATE.
  Croyons-nous qu'il ait voulu que son fils apprît tout

le reste, et qu'il ne l'eût pas rendu meilleur que ses voisins dans la science qu'il possédait, si la vertu était de nature à s'enseigner ?

ANYTUS.
 Non, par Jupiter !

SOCRATE.
 Voilà quel maître de vertu a été cet homme qui, de ton aveu, tient un rang distingué entre les plus fameux du siècle précédent. Considérons-en un autre, [94a] Aristide, fils de Lysimaque. N'avoues-tu pas que celui-ci a été un homme vertueux ?

ANYTUS.
 Oui, et très vertueux.

SOCRATE.
 Aristide a pareillement donné à son fils Lysimaque une éducation aussi belle qu'aucun autre Athénien, en tout ce qui dépend des maîtres : mais, te semble-t-il qu'il l'ait rendu plus homme de bien que le premier venu ? Tu l'as fréquenté, et tu sais quel il est [582] . Voyons, si tu veux, [94b] Périclès, cet homme d'un mérite si extraordinaire. Tu sais qu'il a élevé deux fils, Paralos et Xanthippos ?

ANYTUS.
 Oui.

SOCRATE.

Tu n'ignores pas non plus qu'il en a fait d'aussi bons cavaliers qu'il y en ait dans Athènes ; qu'il les a instruits dans la musique, dans la gymnastique, et en tout ce qui est du ressort de l'art, au point qu'ils ne le cèdent à personne ? N'a-t-il donc pas voulu en faire des hommes vertueux ? Sans doute qu'il l'a voulu : mais apparemment que cela ne peut pas s'enseigner. Et de peur que tu ne te figures que la chose n'a été impossible qu'à un petit nombre d'Athéniens, gens du commun, [94c] fais réflexion que Thucydide a aussi élevé deux fils, Mélésias et Stéphanos ; qu'il les a très bien formés pour tout le reste, et qu'en particulier ils luttaient avec plus d'adresse qu'aucun Athénien. Aussi avait-il confié l'un à Xanthias, et l'autre à Evodoros, qui passaient pour les deux meilleurs lutteurs d'alors. Ne t'en souvient-il pas ?

ANYTUS.

Pour l'avoir entendu dire.

SOCRATE.

N'est-il pas clair que Thucydide [94d] ayant fait apprendre à ses enfants des choses qui l'obligeaient à de grandes dépenses, n'eût jamais négligé de leur apprendre à être des hommes vertueux, ce qui ne lui aurait rien coûté, si la vertu pouvait s'enseigner ? Dira-t-on que Thucydide était un homme du commun, qu'il n'avait pas un très grand nombre d'amis parmi les Athéniens et leurs alliés ? Au contraire, il était d'une grande famille, et avait beaucoup de crédit dans sa patrie et chez les autres Grecs : de sorte que, si la vertu était une chose qui pût s'enseigner, il aurait trouvé aisément quelqu'un, soit parmi ses concitoyens, soit parmi les étrangers, qui aurait rendu ses enfants vertueux, [94e] si le soin des affaires publiques ne lui en eût pas laissé le loisir. Mais, mon cher Anytus, je crains fort que la vertu ne puisse s'enseigner.

ANYTUS.

A ce que je vois, Socrate, tu ne te gênes pas pour dire du mal des gens. Si tu voulais m'écouter, je te conseillerais d'être plus réservé, parce qu'il est plus facile en toute autre ville peut-être de faire du mal que du bien à qui l'on veut, mais en celle-ci beaucoup [95a] plus qu'ailleurs. Je crois que tu en sais quelque chose par toi-même.

SOCRATE.

Ménon, il me paraît qu'Anytus se fâche ; et je ne m'en étonne pas : car d'abord il s'imagine que je dis du mal de ces grands hommes, et de plus il se flatte d'être de ce nombre. Mais s'il vient jamais à connaître ce que c'est que dire du mal, il cessera de se fâcher ; pour le présent il l'ignore. Dis-moi donc, Ménon, n'avez-vous point aussi chez vous des hommes vertueux ?

MÉNON.
 Assurément.

SOCRATE.
 Hé bien, veulent-ils servir de maîtres aux jeunes
gens, se donnent-ils pour l'être, et reconnaissent-ils
que la vertu peut s'enseigner ?

MÉNON.
 Par Jupiter, non, Socrate : mais tu leur entendras
dire tantôt que la vertu peut s'enseigner, tantôt
qu'elle ne le peut pas.

SOCRATE.
 Tiendrons-nous donc pour maîtres de vertu ceux qui
ne sont pas encore convenus que la vertu puisse
avoir des maîtres ?

MÉNON.
 Je ne le pense pas, Socrate.

SOCRATE.
 Mais quoi ! ces sophistes, les seuls qui se portent
maîtres en fait de vertu, le sont-ils, à ton avis ?

MÉNON;
 Ce qui me plaît surtout dans Gorgias, Socrate, c'est
qu'on ne l'entendra jamais promettre rien de
semblable : au contraire, il se moque des autres qui

se vantent de l'enseigner. Pour lui, il se flatte seulement d'être capable de rendre habile dans l'art de la parole.

SOCRATE.

 Ainsi tu ne juges pas que les sophistes soient des maîtres de vertu ?

MÉNON.

 Je ne sais que te répondre là-dessus, Socrate. Je suis à cet égard dans le même cas que bien d'autres, tantôt ils me paraissent tels, tantôt non.

SOCRATE.

 Tu sais bien que vous n'êtes pas les seuls, toi et les autres politiques, qui pensiez tantôt que la vertu peut s'enseigner, tantôt qu'elle ne le peut pas ; et [95d] que le poète Théognis dit la même chose ?

MÉNON.
 Où donc ?

SOCRATE.
 Dans ses élégies, où il dit :

> Bois, mange avec ceux qui jouissent d'un grand crédit;
>
> Tiens-toi auprès d'eux, et tâche de leur plaire;
>
> Car tu apprendras de bonnes choses avec les bons : mais si [95e] tu fréquentes
>
> Les méchants, tu perdras même ce que tu as de raison [583] .

Vois-tu que dans ces vers il parle comme si la vertu pouvait s'enseigner ?

MÉNON.
Évidemment.

SOCRATE.
Ailleurs il change un peu d'avis, et dit [584] :

> Si l'on pouvait donner à l'homme l'intelligence,

Alors, dit-il :

> Ils en retireraient de grandes sommes d'argent.

(Ceux qui posséderaient ce secret.)

> Jamais le fils d'un père vertueux ne deviendrait méchant
> [96a] En suivant ses sages conseils ; mais toutes les leçons
> Ne feront point d'un méchant un honnête homme.

Remarques-tu comment il se contredit sur les mêmes objets ?

MÉNON.
Cela est évident.

SOCRATE.
Pourrais-tu me nommer quelque autre chose où ceux qui font profession de l'enseigner, loin d'être regardés en ce point comme les maîtres des autres,

passent au contraire pour ne la point savoir eux-mêmes, et pour être [96b] mauvais dans cette chose même dans laquelle ils se vantent d'être maîtres, et où ceux que l'on tient unanimement pour bons et habiles, disent tantôt qu'elle peut s'enseigner, tantôt qu'elle ne le peut pas ? Reconnaîtrais-tu pour les véritables maîtres en quelque genre que ce soit des hommes qui seraient aussi peu d'accord avec eux-mêmes ?

MÉNON.

Non pas moi, par Jupiter !

SOCRATE.

Si donc ni les sophistes, ni les gens de bien eux-mêmes ne sont maîtres de vertu, il est évident que personne ne l'est.

MÉNON.

Il ne me paraît pas.

SOCRATE.

Mais s'il n'y a point de maîtres, il n'y a pas non plus de disciples.

MÉNON.

La chose me semble telle que tu dis.

SOCRATE.

Or nous sommes convenus qu'une chose qui n'a ni maîtres ni disciples ne peut s'enseigner ?

MÉNON.

Nous en sommes convenus.

SOCRATE.

Et nous ne voyons nulle part de maîtres de vertu ?

MÉNON.

Cela est vrai.

SOCRATE.

Puisqu'elle n'a point de maîtres, elle n'a pas non plus de disciples ?

MÉNON.

Je l'avoue.

SOCRATE.

La vertu ne peut donc pas s'enseigner.

MÉNON;

Il n'y a pas d'apparence, si nous nous y sommes pris comme il faut dans cet examen. Cependant, Socrate, je ne comprends pas qu'il n'y ait point en effet de gens vertueux, ou, s'il y en a, de quelle manière ils sont devenus tels.

SOCRATE.

 Ménon, il paraît que nous ne sommes guère habiles, ni toi, ni moi, et que nous avons été mal formés, toi par Gorgias, moi par Prodicus. Il faut par conséquent donner tous nos soins à nous-mêmes plus qu'à nulle autre chose, et chercher quelqu'un qui nous rende meilleurs [96e] par quelque moyen que ce soit. Je dis cela à l'égard de la discussion où nous venons d'entrer ; et je trouve qu'il est ridicule pour nous de n'avoir point aperçu que la science n'est pas la seule chose en vertu de laquelle les hommes seront en état de bien conduire leurs affaires ; ou peut-être, quand nous n'accorderions pas ce point, que la science n'est pas le seul moyen de bien conduire ses affaires et qu'il y en a un autre, n'en connaissons-nous pas davantage de quelle manière se forment les hommes vertueux.

MÉNON.

 Que veux-tu dire par-là, Socrate ?

SOCRATE.

 Le voici. Nous avons eu raison d'avouer que les hommes vertueux [97a] doivent être utiles, et que la chose ne saurait être autrement. N'est-ce pas ?

MÉNON.

 Oui.

SOCRATE.

Nous avons encore bien fait d'accorder qu'ils ne seront utiles qu'autant qu'ils conduiront bien les affaires.

MÉNON.

Oui.

SOCRATE.

Mais il paraît que nous avons eu tort de convenir qu'on ne peut bien gouverner les affaires sans science.

MÉNON.

Pourquoi aurions-nous eu tort ?

SOCRATE.

Je vais te le dire. Si quelqu'un sachant le chemin qui conduit à Larisse, ou en tel autre endroit qu'il te plaira, se mettait lui-même dans cette route, et servait de guide à d'autres ; n'est-il pas vrai qu'il les conduirait bien ?

MÉNON.

Sans doute.

MÉNON;

Mais un autre qui se ferait une opinion juste de ce chemin, quoiqu'il n'y eût pas été et qu'il ne le sût pas, ne conduirait-il pas bien aussi ?

MÉNON.
 Assurément.

SOCRATE.
 Et tandis qu'il aura une opinion vraie sur les mêmes
objets, dont l'autre a une pleine connaissance, il ne
sera pas moins bon conducteur que lui, quoiqu'il
atteigne le vrai, non par la science mais par
conjecture.

MÉNON.
 Soit.

SOCRATE.
 Ainsi l'opinion vraie ne dirige pas moins bien que la
science par rapport à la rectitude d'une action. Et
voilà ce que nous avons omis d'examiner dans notre
recherche sur les propriétés de la vertu, quand nous
avons dit [97c] que la science seule apprend à bien
agir, tandis que l'opinion vraie produit le même effet.

MÉNON.
 Tu as raison.

SOCRATE.
 L'opinion vraie n'est donc pas moins utile que la
science.

MÉNON.
 Avec cette différence, Socrate, que celui qui a la

science en partage arrive toujours à son but ; au lieu que celui qui n'a que l'opinion vraie, y parvient quelquefois, et quelquefois aussi le manque.

SOCRATE.

Que dis-tu ? Quand on a toujours l'opinion vraie, ne parvient-on pas toujours au but, tant qu'on est dirigé par cette vraie opinion ?

MÉNON.

Cela me paraît incontestable. Mais la chose étant ainsi, je suis étonné, Socrate, pourquoi on fait beaucoup plus de cas de la science que de l'opinion droite, et pourquoi ce sont deux choses différentes.

SOCRATE.

Sais-tu d'où vient ton étonnement, ou te l'apprendrais-je ?

MÉNON.

Apprends-le-moi.

SOCRATE.

C'est que tu n'as pas fait attention aux statues de Dédale [585] : peut-être n'en avez-vous pas chez vous ?

MÉNON;

A quel propos dis-tu cela ?

SOCRATE.

Parce que ces statues, si elles n'ont pas un ressort qui les arrête, s'échappent et s'enfuient, au lieu que celles qui sont arrêtées demeurent en place.

MÉNON.

Qu'est-ce que cela fait ?

SOCRATE.

Ce n'est pas une chose bien précieuse ; d'avoir quelqu'une de ces statues qui ne sont point arrêtées, comme d'avoir un esclave fuyard ; car elles ne restent point en place. Mais pour celles qui sont arrêtées, elles sont d'un grand prix, et ce sont véritablement de beaux ouvrages. A quel sujet ai-je rapporté ceci ? au sujet des opinions vraies. En effet les opinions vraies, tant qu'elles demeurent, sont une belle chose, et produisent toutes sortes [98a] d'avantages ; mais elles ne veulent guère demeurer longtemps, et elles s'échappent de l'âme de l'homme : en sorte qu'elles ne sont pas d'un grand prix, à moins qu'on ne les arrête en établissant entre elles le lien de la cause à l'effet. C'est, mon cher Ménon, ce que nous avons appelé précédemment réminiscence. Ces opinions ainsi liées deviennent d'abord sciences, et alors demeurent stables. Voilà par où la science est plus précieuse que l'opinion vraie, et comment elle en diffère par l'enchaînement.

MÉNON.

Par Jupiter, il paraît bien, Socrate, que c'est quelque chose d'approchant.

SOCRATE.

Je n'en parle pas non plus comme un homme qui sait, mais je conjecture. Cependant lorsque je dis que l'opinion vraie est autre chose que la science, je ne pense pas tout à fait que ce soit là une conjecture. Si je pouvais dire de quelque chose que je la sais, et je l'oserais de bien peu de choses, j'assurerais que celle-ci est du nombre de celles que je sais.

MÉNON.

Tu as raison, Socrate.

SOCRATE.

Mais quoi ! n'ai-je pas encore raison quand je soutiens que si l'opinion vraie dirige une entreprise, elle ne l'exécutera pas moins bien que la science ?

MÉNON.

Je crois que tu dis vrai encore en cela.

SOCRATE.

Ainsi l'opinion vraie n'est ni inférieure à la science, ni moins utile par rapport aux actions ; et à cet égard celui qui a l'opinion vraie ne le cède point à celui qui a la science.

MÉNON.

J'en conviens.

SOCRATE.

Or nous sommes convenus que l'homme vertueux est utile.

MÉNON.

Oui.

SOCRATE.

Par conséquent, puisque les hommes vertueux et utiles aux états, s'il y en a, sont tels non seulement par la science, mais aussi par l'opinion vraie, et que ni l'une ni l'autre, [98d] ni la science ni l'opinion vraie, ne sont un présent de la nature, que d'ailleurs elles ne peuvent s'acquérir... ou bien, crois-tu que l'une ou l'autre soit un présent de la nature ?

MÉNON.

Je ne le pense pas.

SOCRATE.

En ce cas, les hommes vertueux ne sont donc pas tels par nature ?

MÉNON.

Non sans doute.

SOCRATE.

La vertu n'étant point naturelle à l'homme, nous avons examiné ensuite si elle pouvait s'enseigner.

MÉNON.

Oui.

SOCRATE.

N'avons-nous pas jugé qu'elle pouvait s'enseigner, à la condition qu'elle fût la même chose que la science ?

MÉNON.

Oui.

SOCRATE.

Et qu'elle était la même chose que la science, à la condition qu'elle pût s'enseigner ?

MÉNON.

Oui.

SOCRATE.

Et que s'il y avait des maîtres de vertu, elle pouvait s'enseigner ; que s'il n'y en avait point, elle ne le pouvait pas ?

MÉNON.

Oui.

SOCRATE.

Or, nous sommes convenus qu'il n'y a point de maîtres de vertu.

MÉNON.

Cela est vrai.

SOCRATE.

Nous avons reconnu par conséquent qu'elle ne peut s'enseigner et qu'elle n'est point la science.

MÉNON.

Oui.

SOCRATE.

Mais nous sommes tombés d'accord qu'elle est un bien.

MÉNON.

Oui.

SOCRATE.

Et que ce qui dirige bien est bon et utile.

MÉNON.

Oui.

SOCRATE.

Et que deux choses seulement dirigent bien,

l'opinion vraie et la science, avec le secours desquelles l'homme se dirige bien : car ce qui arrive par hasard n'est point l'effet d'une direction humaine : et ces deux choses seulement dirigent bien l'homme, l'opinion vraie et la science.

MÉNON.
 Je pense de même.

SOCRATE.
 Or, puisque la vertu ne peut pas s'enseigner, déjà elle n'est pas la science.

MÉNON.
 Évidemment non.

SOCRATE.
 De ces deux choses bonnes et utiles, en voilà donc une mise hors de rang, et la science ne saurait servir de conductrice dans les affaires politiques.

MÉNON.
 Il me semble que non.

SOCRATE.
 Par conséquent ce n'est point par une certaine sagesse, ni étant sages eux-mêmes, que Thémistocle et les autres dont Anytus parlait tout à l'heure ont gouverné les états : c'est pourquoi ils n'ont pu rendre

les autres ce qu'ils étaient eux-mêmes, parce qu'ils n'étaient point tels par science.

MÉNON.

Il y a apparence que la chose est comme tu dis, Socrate.

SOCRATE.

Si donc ce n'est point la science, reste [99c] que ce soit l'opinion vraie qui dirige les politiques dans la bonne administration des états ; en fait de connaissances ils ne diffèrent en rien des prophètes, et des devins inspirés. En effet, ceux-ci annoncent beaucoup de choses vraies, mais ils ne savent aucune des choses dont ils parlent.

MÉNON.

Très vraisemblablement.

SOCRATE.

Mais ne convient-il pas, Ménon, d'appeler divins ceux qui, étant dépourvus d'intelligence, réussissent en je ne sais combien de grandes choses qu'ils font et qu'ils disent ?

MÉNON.

Oui.

SOCRATE.

Nous aurons donc raison de nommer divins les

prophètes et les devins dont on vient de parler, [99d] et tous ceux qui ont le génie poétique [586] : et nous serons pour le moins aussi bien fondés à accorder ce titre aux politiques, les regardant comme des hommes saisis d'enthousiasme, inspirés et animés par la divinité, lorsqu'ils réussissent en parlant sur bien des affaires importantes, sans avoir aucune science sur ce qu'ils disent.

MÉNON.

Assurément.

SOCRATE.

Aussi les femmes, Ménon, appellent-elles divins les hommes vertueux ; et les Lacédémoniens, quand ils veulent faire l'éloge d'un homme de bien, disent : C'est un homme divin.

MÉNON;

Et il est évident, Socrate, qu'ils ont raison, quoique peut-être Anytus s'offense de tes discours.

SOCRATE.

Je ne m'en mets pas en peine : je m'entretiendrai avec lui une autre fois, Ménon. Pour ce qui nous regarde, si dans tout ce discours nous avons examiné et traité la chose comme nous devions, il s'ensuit que la vertu n'est point naturelle à l'homme, ni ne peut s'apprendre ; mais qu'elle arrive par une influence divine à ceux en qui elle se rencontre, sans intelligence de leur part ; [100a] à moins qu'on ne nous montre quelque politique en état de communiquer son habileté à un autre. S'il s'en trouve un, nous dirons de lui qu'il est entre les vivants ce qu'est Tirésias entre les morts, au rapport d'Homère, lequel dit de ce devin qu'il est le seul sage aux enfers, et que les autres ne sont que des ombres errantes à l'aventure [588] . De même cet homme serait à l'égard des autres pour la vertu ce que la réalité est à l'ombre.

MÉNON;
 Cela me paraît parfaitement bien dit, Socrate.

SOCRATE.
 Il paraît donc, d'après ce raisonnement, Ménon, que la vertu vient par un don de Dieu à ceux qui la possèdent. Mais nous ne saurons le vrai à ce sujet que lorsqu'avant d'examiner comment la vertu se trouve dans les hommes, nous entreprendrons de chercher ce qu'elle est en elle-même. Maintenant il est temps que je me rende quelque part. Pour toi, persuade à ton hôte Anytus les choses dont tu es persuadé toi-même, afin [100c] qu'il soit plus traitable ; si tu réussis à le convaincre, tu rendras service aux Athéniens.

www.ingramcontent.com/pod-product-compliance
Lightning Source LLC
Chambersburg PA
CBHW071250150726
48001CB00018B/721